Leonidas Gomatos

Crise económica mundial: O caso da Grécia

Leonidas Gomatos

Crise económica mundial: O caso da Grécia

ScienciaScripts

Imprint

Cover image: www.ingimage.com

This book is a translation from the original published under ISBN 978-3-659-89676-7.

Publisher:
Sciencia Scripts
is a trademark of
Dodo Books Indian Ocean Ltd. and OmniScriptum S.R.L publishing group

120 High Road, East Finchley, London, N2 9ED, United Kingdom
Str. Armeneasca 28/1, office 1, Chisinau MD-2012, Republic of Moldova, Europe
Managing Directors: Ieva Konstantinova, Victoria Ursu
info@omniscriptum.com

Printed at: see last page
ISBN: 978-620-8-60108-9

Agradeço à minha irmã Penny Gomatou e ao meu amigo Dr. Nektarios Smirnis pela sua inestimável ajuda e apoio.

Resumo

A crise atual foi analisada, tanto cientificamente como no debate público, como uma crise do sistema financeiro ou, sobretudo no debate nacional, como a crise da dívida soberana do "míope" Estado grego.

A crise financeira mundial teve um grande impacto na estabilidade económica dos países europeus que fazem parte da zona euro. A Grécia não podia deixar de estar envolvida na crise financeira mundial e, mais concretamente, na crise da zona euro. A Grécia foi prejudicada por uma série de razões, cujas consequências conduziram não só à deterioração financeira do país, mas também a uma crise humanitária.

A Grécia, para recuperar o controlo e resolver problemas complexos, seguiu uma estratégia política completamente diferente da das décadas anteriores, no meio de protestos e críticas públicas . No entanto, continuam a existir problemas importantes e as suas soluções não são simples, em vez de exigirem uma reconstrução do quadro da zona euro.

Índice

1. Introdução

1.1 Prólogo

A crise financeira mundial (CFG) não é um problema moderno, embora, devido ao aumento da globalização, em termos de integração financeira e comercial, tenha atualmente efeitos mais generalizados. Ao longo da história, registaram-se várias crises financeiras, mas não se pode assumir automaticamente que as economias de todo o mundo estão preparadas para reagir devido a experiências anteriores. O termo "crise financeira" refere-se a um fenómeno em que uma economia se caracteriza por uma redução contínua e percetível da atividade financeira, o que significa vários indicadores macroeconómicos de uma economia, como o PIB, a taxa de inflação, a taxa de emprego, os investimentos, etc. O termo "crise financeira" refere-se a um fenómeno em que uma economia se caracteriza por uma redução contínua e percetível da atividade financeira, o que significa vários indicadores macroeconómicos de uma economia, como o PIB, a taxa de inflação, a taxa de emprego, os investimentos, etc.

A origem da recente crise financeira mundial foi a procura de lucro por parte do sistema bancário, que o levou a subestimar os perigos do investimento de capital. Por outras palavras, o lucro de um banco provém dos empréstimos que concede e não dos depósitos, que são considerados "passivos". Quando os bancos cobram juros sobre os empréstimos, têm lucro, pelo que é natural supor que mais empréstimos significam mais lucro para o sistema bancário. Isto conduziu a uma explosão de empréstimos "arriscados", sobretudo no sector hipotecário, especialmente nos EUA.

Segundo o Guardian (2011), a crise começou a 9 de agosto de 2007. Nesse dia, surgiu uma grave crise nos Estados Unidos devido a uma falta de liquidez no sistema bancário, causada pela incapacidade dos bancos norte-americanos de recuperarem as suas dívidas junto dos chamados mutuários "subprime". Esta situação criou um efeito de dominó que afectou gravemente vários bancos europeus, ao mesmo tempo que a procura de levantamentos era elevada, em especial no Reino Unido. No mesmo dia, o BNP Paribas pôs fim às suas actividades em fundos de retorno absoluto que envolviam dívida hipotecária americana. Foi o início de uma nova era para o sistema bancário, caracterizada por uma falta de confiança entre os bancos.

O próximo grande golpe para o sistema bancário ocorreu em 15 de setembro de 2008, quando o Lehman Brothers, um banco de investimento norte-americano, entrou em falência. Até ao fim, todos pensaram que os governos viriam em socorro dos bancos em caso de problemas graves. Infelizmente, não foi esse o caso do Lehman Brothers e a sua falência teve repercussões a nível mundial. Segundo a Global Research (2009), a crise financeira mundial começou em janeiro de 2008, quando as grandes perdas do Citigroup em Wall Street tiveram um efeito tão forte que as taxas de câmbio caíram em quase todos os mercados.

Assim, embora seja inegável que, de uma forma ou de outra, a crise financeira global começou nos Estados Unidos, também é verdade que afectou gravemente todas as economias do mundo. Cada país geriu, ou ainda está a gerir, as consequências da crise de uma forma diferente e a um nível diferente. A Grécia é um dos países que ainda está a sofrer uma grave crise financeira e o seu impacto irá, infelizmente, prolongar-se por muitos anos.

1.2 Objetivo da investigação

O primeiro objetivo deste estudo é definir a crise económica mundial. É necessário aprofundar a terminologia atual para avaliar a situação atual em todos os seus aspectos. Como já referimos, com o aumento da globalização, as crises financeiras afectam gravemente as economias dos países de todo o mundo. A frágil economia da Grécia não foi poupada e esta investigação centrar-se-á nas razões, diferenças e semelhanças do caso grego em comparação com os restantes países do mundo ocidental.

Além disso, este estudo examinará e avaliará as respostas imediatas e as acções subsequentes da Grécia, depois de ter cooperado com as instituições adequadas. Em resumo, a investigação principal deste estudo centra-se nos seguintes pontos:

As principais questões de investigação são as seguintes:

- Identificar e clarificar a atual crise financeira mundial.
- O ponto de partida da crise financeira na Grécia.
- Relevância da crise financeira mundial que começou nos Estados Unidos em 2008 e da crise financeira na Grécia.
- Razões da deterioração financeira da Grécia.
- Os mecanismos de controlo da Grécia para evitar e minimizar as consequências deste efeito de dominó.
- Efeitos imediatos e posteriores da crise financeira na Grécia.
- Avaliação da estratégia da Grécia para ultrapassar a crise.
- Avaliação das diferentes perspectivas sobre as acções futuras para ultrapassar a recessão.

1.3 Importância da investigação

Segundo Bernanke (2000), a justaposição da atual crise financeira com as respectivas crises da história moderna revelará uma série de razões semelhantes para a recessão económica. Esta retrospetiva seria muito instrutiva no caso da crise de 1764, por exemplo, que causou uma grande queda no valor das propriedades, bem como no caso da recessão global de 1929, também conhecida como "a grande recessão", que levou ao colapso do sistema bancário.

A importância desta investigação reside no facto de que, para compreender um problema, resolvê-lo e evitar que se repita, é essencial avaliar os resultados da investigação. e compreender os mecanismos do passado. Sem dúvida que a história se repete e, neste ambiente global altamente interdependente, é importante estudar a evolução financeira da Grécia ao longo do tempo, não só individualmente, mas também no contexto geral da economia global. Esperamos que este tipo de reflexão forneça informações úteis para aliviar os sintomas da crise e evitar situações semelhantes no futuro.

2. Revisão da literatura

2.1 Definição de crise

Como já foi referido, a expressão "crise financeira" refere-se a um fenómeno em que uma economia se caracteriza por uma redução contínua e percetível da atividade financeira. Uma crise financeira pode afetar, por exemplo, o sistema bancário, o mercado bolsista ou a moeda, e existem vários indicadores macroeconómicos que podem revelar o nível de atividade financeira. De acordo com Koufaris (2010), o indicador mais importante é o investimento. Qualquer aumento ou redução do investimento influencia fortemente todos os outros factores financeiros e reflecte o estado geral de uma economia.

Uma crise financeira é uma das duas fases da flutuação financeira, a fase descendente, em que todas as actividades financeiras, de acordo com a Comissão Europeia (CE/2009), se caracterizam por um declínio constante. As flutuações financeiras são definidas como variações subsequentes nas actividades financeiras de uma economia. São também designadas por flutuações cíclicas ou ciclos económicos. O mesmo fenómeno é também designado por "ciclos económicos", para sublinhar a importância particular do investimento no desenvolvimento de um ciclo económico.

De acordo com o Cambridge's Business English Dictionary, um ciclo económico é *"um período durante o qual a economia de um país passa do crescimento para a recessão"* e dura geralmente até cinco anos. No entanto, de acordo com a Comissão Europeia (2009), décadas de observação estatística sugerem que os ciclos económicos duram cerca de sete a onze anos.

2.2 Crise financeira mundial

Weeks (2010) afirma que a atual crise financeira mundial tem muitas semelhanças com a "grande recessão" e que os seus efeitos são tão catastróficos que não é fácil, mesmo para um analista financeiro, avaliá-los em profundidade. Papademos (2009) afirmou que a atual crise financeira é desastrosa e proporcional à Grande Recessão.

De acordo com Krishnaswami e Siva Kumar (2012), em 2008, um dos principais objectivos da política dos EUA era garantir que todos os cidadãos americanos tivessem acesso à habitação própria. O sistema bancário americano, igualmente orientado e beneficiário desta política, estava aberto a empréstimos de alto risco sem uma avaliação exaustiva da capacidade do credor hipotecário para cumprir os seus compromissos.

Para além das perdas diretas óbvias de um banco devido aos empréstimos de alto risco, alguns desses empréstimos foram comprados por outras instituições e, assim, ficaram disponíveis como produtos de investimento para qualquer parte interessada em todo o mundo. Esta reação em cadeia causou graves prejuízos a vários investidores em todo o mundo e levou mesmo a problemas de insolvência antes de a redução dos custos dos imóveis ter tido tempo de ocorrer. Segundo o The Economist (2013), a Standard and Poor's e a Moody's, entre outras agências de rating de obrigações, não classificaram corretamente as obrigações de dívida colateralizada (CDO), encorajando transacções de alto risco.

Como já foi explicado, os investidores, incluindo as instituições e os bancos, foram afectados em todo o mundo e todos os países enfrentaram os desafios que se avizinham. A CE (2009) identifica as razões pelas quais não foi criado um melhor mecanismo de defesa na UE: deficiências estruturais do sistema bancário, má gestão por parte dos governos e avaliação incorrecta do risco de respostas financeiras imediatas e futuras.

O início da crise marcou o começo de uma era de anti-trust entre bancos, outras instituições e investidores à escala mundial. Esta situação teve consequências importantes, incluindo um aumento do custo dos empréstimos no sistema bancário europeu, revelando uma contínua falta de confiança, com diferentes instituições de crédito a optarem por utilizar os mecanismos do Banco Central Europeu (BCE) em vez de emprestarem diretamente umas às outras.

Devido à perceção comum de que a crise inicial dos EUA não poderia ter um impacto significativo na UE, devido ao aumento das taxas de exportação e à situação financeira "saudável" das principais instituições europeias, as reacções ponderadas das constituições europeias podem ser caracterizadas como bastante lentas. Antes da crise, as regras eram interpretadas de forma flexível e a supervisão não era tão rigorosa, criando um ambiente bastante imprudente que conduziu a uma redução do capital das instituições, associada a uma má gestão dos swaps de empréstimos. O fluxo de caixa tornou-se rapidamente um problema em vários bancos. Em 2007, como já foi referido, o BNP Paribas cessou as suas actividades em fundos de cobertura que envolviam dívida hipotecária dos EUA, o que teve um efeito dominó noutros bancos europeus que acabaram por falir em 2008 (Northern Rock e Landesbank Sachsen).

Landler (2008), escrevendo no NY Times, argumenta que quando o pânico se instala e os credores ou investidores começam a retirar-se, a saúde frequentemente "frágil" das instituições bancárias e de países inteiros fica seriamente ameaçada. Quando uma crise tão grave afecta o sistema financeiro mundial, praticamente não existem fronteiras nacionais.

2.3 Crise financeira na Grécia

Como já foi referido, a história está, sem dúvida, a repetir-se. De acordo com Veremis e Koliopoulos (2006), a Grécia já enfrentou a falência quatro vezes na história moderna, ou seja, após a revolução grega de 1821. A primeira vez foi em 1827, quando a Grécia não conseguiu reembolsar os empréstimos recebidos em 1824 e utilizados para financiar a revolução. O rei Othonas aceitou um novo empréstimo dos britânicos em 1833, mas o objetivo deste novo empréstimo era principalmente reembolsar os empréstimos anteriores, enquanto a Grécia estava também a comprar terras ao Império Otomano. Em 1843, foi inevitável um segundo incumprimento, seguido de uma suspensão dos pagamentos.

A Grécia continuou a contrair empréstimos nos mercados estrangeiros para financiar projectos de infra-estruturas e operações militares de libertação das regiões gregas ainda sob ocupação otomana. O terceiro incumprimento ocorreu em 1897, na sequência da derrota da Grécia na Guerra Greco-Turca. A Grécia foi novamente sujeita ao controlo financeiro internacional, associado à imposição de um monopólio sobre os fósforos, os cigarros, o álcool e outros produtos.

A economia grega melhorou no início do século XX, mas a catástrofe na Ásia Menor aumentou o endividamento e o crash de Wall Street em 1929 colocou a dracma sob forte pressão. O Primeiro-Ministro El. Venizelos declarou a suspensão dos pagamentos em 1932, marcando o quarto incumprimento da Grécia.

Nesta altura da história, era impossível para a Grécia evitar fazer parte da crise financeira mundial e, mais especificamente, da crise da zona euro. Para avaliar os efeitos desastrosos da crise financeira mundial na economia grega, há que acrescentar que a Grécia não estava minimamente preparada ( ) em termos de controlo de danos.

A Grécia tornou-se membro da União Europeia em 1981. Para dar o passo seguinte e aderir à zona euro, adoptando assim o euro como moeda, um país tem de cumprir os critérios de convergência do euro. Estes critérios, frequentemente designados por critérios de Maastricht, exigem, entre outras coisas, que o rácio entre o défice orçamental anual e o PIB não exceda 3%. A Grécia aderiu à zona euro em 2001 e lançou a nova moeda em 2002.

Para além dos critérios de entrada originais, as condições do Pacto de Estabilidade e Crescimento (PEC) também tinham de ser cumpridas. De acordo com a CE (2015), *"o PEC é um conjunto de regras destinadas a assegurar que os países da UE prossigam finanças públicas sólidas e coordenem as suas políticas orçamentais"*. A OCDE (2002) refere que a aplicação do PEC garante a disciplina orçamental e que o referido limite de 3%, a ser ultrapassado, só o deve ser temporariamente e em circunstâncias excecionais. Para além disso, a dívida pública deve ser geralmente inferior a 60% do PIB. Com base em Trade Economics (2015), que utiliza dados derivados do Eurostat, o gráfico seguinte mostra a dívida pública da Grécia em relação ao PIB quando o incumprimento dos termos do PEC é evidente.

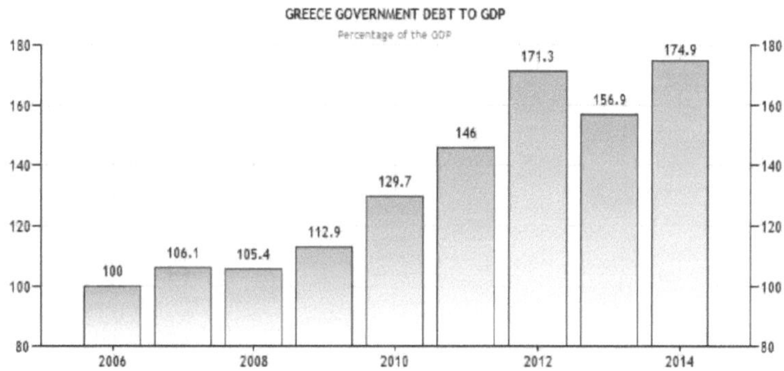

Figura 1: Dívida pública da Grécia em percentagem do PIB Fonte: Trade Economics (2015)

Em 2009, no início dos efeitos reais da crise na Grécia, já se registavam graves desproporções financeiras, incluindo um défice de 15,4% do PIB, muito longe das estimativas anteriores que apontavam para um défice de cerca de 6,7% do PIB, segundo Awojobi (2013).

O gráfico seguinte mostra o défice (ou excedente) de tesouraria em percentagem do PIB, de acordo com o Banco Mundial (2015). Para efeitos de comparação, para além da Grécia, foram também analisados a Itália, a Espanha e Portugal. É evidente que o défice da Grécia tem sido sistematicamente mais elevado.

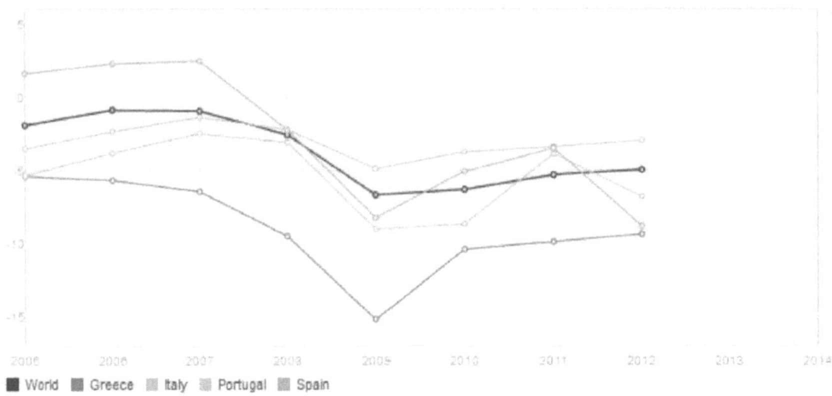

Figura 2: Excedente/défice de tesouraria (% do PIB) Fonte: Banco Mundial (2015)

Em 2010, e na sequência das revelações anteriores, tornou-se claro que o défice já não era sustentável e que o Governo grego já não podia pedir dinheiro emprestado nos mercados a taxas razoáveis. À medida que a dívida grega aumentava e os bancos e outros investidores também eram afectados pela crise financeira mundial, tornou-se claro que os empréstimos à Grécia estavam a tornar-se muito mais arriscados. As taxas de juro subiram e, a dada altura, o governo precisou de muito mais dinheiro do que estava a cobrar em impostos e teve de pedir mais dinheiro emprestado para pagar as dívidas anteriores. O círculo vicioso não podia ser controlado e, a dada altura, tornou-se insuportável contrair empréstimos nos mercados.

Quando um governo emite uma obrigação, o rendimento exigido pelos investidores nos mercados demonstra o risco do empréstimo. O gráfico seguinte mostra a evolução das obrigações a 10 anos do Governo grego em comparação com outros países. É evidente que os empréstimos se tornaram muito mais caros para a Grécia.

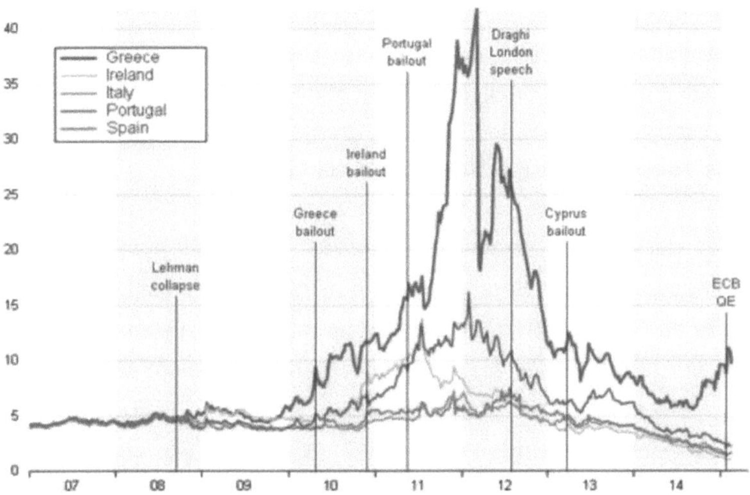

Figura 3: Taxas de rendibilidade das obrigações do Tesouro a 10 anos

Fonte: Thomson Reuters Datastream (2015)

O perigo de uma penhora de pagamentos era extremamente iminente e os primeiros esforços do governo para recuperar a credibilidade através da redução das despesas públicas não foram bem sucedidos. Vários analistas afirmam que, a partir dessa altura, a Grécia se voltou para o Fundo Monetário Internacional (FMI), uma via de sentido único. Foi criado um mecanismo de apoio conjunto entre o FMI, a CE e o Banco Central Europeu (BCE).

No entanto, o financiamento veio acompanhado de condições e a Grécia teve de tomar medidas imediatas para sanear o seu orçamento. As primeiras medidas foram anunciadas pelo Primeiro-Ministro G. Papandreou em maio de 2010, no meio de fortes protestos e de uma atmosfera geral de desaprovação. A situação na Grécia suscitou dúvidas não só sobre a adesão à zona euro, mas também sobre o futuro da Grécia no seu seio. No entanto, esta evolução não é surpreendente: a Grécia era financeiramente dependente, as taxas de exportação eram baixas em comparação com as taxas de importação e os empréstimos continuavam a acumular-se. Uma taxa de endividamento de cerca de 4,1%, nos anos 90, subiu para 42,7%, em 2000, e atingiu um máximo de 82,5%, em 2009.

2.4 As razões da crise financeira na Grécia

A análise das razões subjacentes às crises financeiras passadas também pode fornecer informações valiosas sobre as razões subjacentes à atual crise financeira na Grécia, bem como explicar por que razão a economia grega se revelou tão resistente ao efeito dominó. Bernanke (2000) argumenta que existem semelhanças significativas entre as crises financeiras globais passadas e actuais. Bryan e Farrell (2008) identificam uma série de factores comuns, como a subida dos preços do petróleo, o despedimento de trabalhadores, a desvalorização do imobiliário e as actividades especulativas no sistema bancário relativas aos empréstimos subprime, que estão presentes em todas as crises financeiras da era moderna.

Além disso, como já foi referido, o défice grego atingiu 15,4% do PIB em 2009, apesar de a Grécia ter começado a registar défices elevados na década de 1980. Na sequência das revelações sobre os números de 2009, tornou-se claro que a dívida da Grécia já não era sustentável e que a contração de empréstimos nos mercados estava sujeita a condições insustentáveis. De acordo com o Ministério das Finanças grego (2010), no contexto do Programa de Estabilidade e Crescimento, as razões subjacentes aos maus números de 2009 foram as seguintes: baixa taxa de crescimento do PIB devido à baixa competitividade, elevado défice público devido a despesas muito superiores às receitas fiscais, elevados níveis de dívida, baixo cumprimento do orçamento e baixa credibilidade estatística.

O caso da Grécia foi, sem dúvida, afetado por disfunções internas. Segundo

Manolopoulos (2011) e Papaconstantinou et al (2013), o compadrio, a venalidade e a burocracia devem ser seriamente tidos em conta na análise da crise grega.

O clientelismo, ou, por outras palavras, o nepotismo, é um fenómeno bem estabelecido que, infelizmente, ocorre em vários sectores na Grécia, desde o governo e outros cargos públicos importantes, por exemplo, até à hierarquia no meio académico. Há mais de meio século que determinadas "dinastias" políticas governam o país de uma forma ou de outra, lideram partidos políticos e participam no parlamento.

Os números revelam que o nepotismo na Grécia não pode ser comparado com o de qualquer outro país europeu e que a política pode ser caracterizada como um assunto de "família". Segundo Eleutherotypia (2009), de um total de 93 primeiros-ministros gregos entre 1828 e 2007, pelo menos 21 eram parentes. No entanto, como já referimos, o fenómeno vai para além dos dirigentes. Os partidos políticos, os deputados, os altos funcionários públicos, etc., estão todos relacionados de uma forma ou de outra. É evidente que este facto reforça e favorece o clientelismo entre o Estado e os cidadãos.

A corrupção é também um dos resultados destrutivos do nepotismo. De acordo com a Transparência Internacional (2014), o Índice de Perceção da Corrupção (IPC) da Grécia é de 43 em 100, colocando o país nas últimas posições da UE, juntamente com a Bulgária, a Itália e a Roménia. No entanto, é encorajador ver que a Grécia melhorou ligeiramente em relação a 2012, quando o índice era de 36 em 100. Para melhorar estas estatísticas, devem ser feitas mudanças significativas no sector público, tanto em termos de legislação como de aplicação da lei. A corrupção não deve ser vista como um meio transacional de "fazer o trabalho". A corrupção também inclui a evasão fiscal que, de acordo com a Transparência Internacional (2014), pode ter custado cerca de 120 mil milhões de euros na década anterior. O mapa seguinte mostra o IPC em 2014 para os países europeus de acordo com a Transparência Internacional.

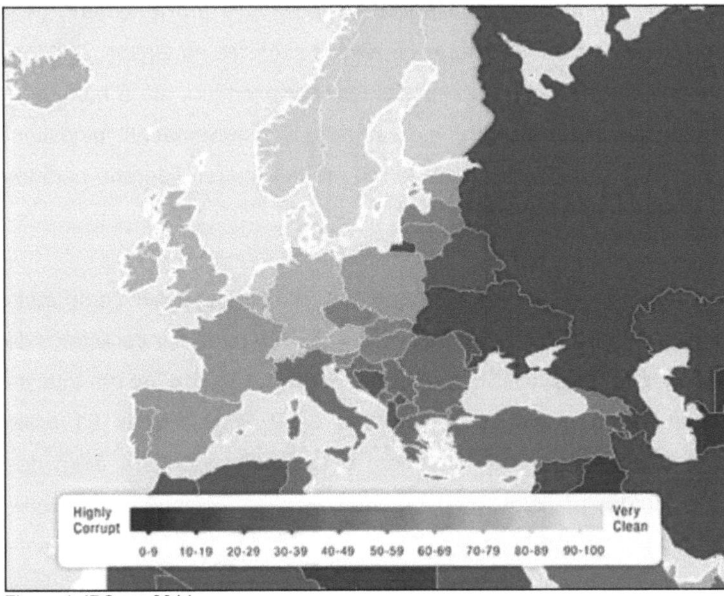

Figura 4: IPC em 2014

Fonte: Transparência Internacional (2014) Transparência Internacional (2014)

Para além da função problemática do sector público, existem também problemas no sector privado. Não existe um ambiente favorável ao investimento devido a uma legislação complicada, a mudanças frequentes nas políticas estabelecidas e a uma rígida rede de burocracia. Muitas vezes, não existe uma forma direta de gerir um procedimento e é frequente haver sobreposições de acções que se têm de realizar para atingir o seu objetivo inicial.

É fácil ver que o nepotismo, a corrupção e a burocracia estão todos ligados, e que um causa e sustenta o outro. Sem este círculo vicioso, os efeitos da crise financeira global na Grécia não seriam provavelmente tão destrutivos e difíceis de gerir.

2.5 Reacções da Grécia

A resposta inicial da Grécia à crise económica mundial foi, sem dúvida, tardia. Em setembro de 2009, o Primeiro-Ministro K. Karamanlis anunciou a realização de eleições antecipadas, em parte devido à difícil situação da economia grega, de acordo com a sua declaração. O governo mudou após as eleições, mas ainda não houve uma ação imediata, como aconteceu nos meses cruciais que se seguiram. Perdeu-se um tempo precioso até abril de 2010, altura em que, na sequência de revelações sobre o défice real da Grécia, combinadas com outros dados financeiros negativos e com a desvalorização das obrigações gregas, o recém-eleito Primeiro-Ministro G. Papandreou anunciou que a Grécia estava a recorrer ao mecanismo de apoio conjunto do FMI, dos países da zona euro e da CET, conhecido como a Troika.

Sob a ameaça de incumprimento soberano e o perigo iminente de uma saída da zona euro (cenário conhecido como Grexit), o governo grego manteve o acordo anterior, o que naturalmente teve várias implicações e reforçou a grave dependência da Grécia do mecanismo de apoio conjunto (Mavri, 2013). Em maio de 2010, a Troika emitiu um empréstimo de resgate de 110 mil milhões de euros, inicialmente destinado a apoiar a Grécia até meados de 2013.

As condições deste empréstimo, conhecido como Memorando de Políticas Económicas e Financeiras, incluíam a implementação de medidas de austeridade, a melhoria do sistema educativo, a avaliação do desempenho dos serviços públicos, reformas estruturais e a privatização de activos públicos (FMI 2010), (OCDE 2013), (Reuters 2013), (Ministério das Finanças 2010). Além disso, na sequência da má gestão dos dados financeiros e a fim de recuperar a confiança dos investidores, o Governo grego anunciou a independência do Serviço Nacional de Estatística, que passará a funcionar como uma entidade jurídica independente.

Nos meses que se seguiram, a Grécia foi colocada sob a supervisão da Troika no que respeita à implementação das condições do memorando. No entanto, o governo grego não implementou as condições acordadas no local, pelo menos não na medida esperada pela Troika. Não foi fácil impor mudanças radicais devido à reação da opinião pública, ao sindicalismo e ao clientelismo entre o Estado e os cidadãos. Para além disso, não havia uma base comum entre o governo e a oposição que permitisse chegar a um consenso.

No ano seguinte, foi concedido um segundo empréstimo de emergência de 130 mil milhões de euros, dos quais 48 mil milhões se destinavam a recapitalizar o sistema bancário. O segundo empréstimo de resgate foi acompanhado de um corte de cerca de 50% no valor das obrigações do Estado grego detidas por investidores privados (Ministério Federal das Finanças, 2012). O empréstimo de emergência específico incluía medidas de austeridade adicionais e exigia um consenso assinado pela maioria do parlamento grego. Todo o plano de resgate (240 mil milhões de euros no total) foi concebido para ser aplicado periodicamente até ao final de 2014.

Foram realizadas reformas a uma certa escala, incluindo medidas de austeridade, o lançamento de processos de privatização de um número limitado de activos públicos e a melhoria do sistema de ensino através de nova legislação. No entanto, não se registaram reformas estruturais importantes. No final de 2012, como a recessão continuou a agravar-se e não se registaram progressos significativos na aplicação dos termos do memorando, o governo anunciou que iria implementar uma série de reformas estruturais.

Embora tenham sido solicitadas medidas de apoio adicionais, o Governo grego comprometeu-se a aplicar dois projectos de lei fundamentais: a "reforma do mercado de trabalho" e o "plano orçamental de médio prazo 2013-2016", a fim de evitar um incumprimento. Estes projectos de lei continham medidas de austeridade adicionais. A avaliação da Troika após a introdução destes dois projectos de lei, em paralelo com o programa orçamental de 2013, permitiu a aplicação das medidas de apoio adicionais.

Em suma, a estratégia da Grécia baseia-se nos seguintes parâmetros fundamentais:

- Medidas de austeridade para equilibrar o orçamento.
- Privatização dos activos públicos concluída até 2015.
- Reformas estruturais para melhorar a competitividade e as taxas de crescimento.

Após várias auditorias, os relatórios de avaliação separados da CE e do FMI, em meados de 2014, indicavam que, apesar dos planos de resgate e dos esforços da Grécia, ainda havia défices de financiamento. Por outro lado, registaram-se também resultados positivos significativos no que respeita a um excedente estrutural combinado com o crescimento do PIB e uma redução da taxa de desemprego. Estes valores positivos permitiram à Grécia contrair empréstimos nos mercados de capitais privados.

O quadro seguinte apresenta as taxas de desemprego, segundo o Eurostat (2015), para vários países europeus, incluindo a Grécia. Note-se que, no caso da Grécia, os dados disponíveis vão até setembro de 2014. A taxa de desemprego é a percentagem de pessoas desempregadas em relação à população ativa. Os desempregados incluem as pessoas com idades compreendidas entre os 15 e os 74 anos.

geo \ time	2005	2006	2007	2008	2009	2010	2011	2012	2013	2014
Belgium	8.5	8.3	7.5	7.0	7.9	8.3	7.2	7.6	8.4	8.5
Bulgaria	10.1	9.0	6.9	5.6	6.8	10.3	11.3	12.3	13.0	11.6
Czech Republic	7.9	7.1	5.3	4.4	6.7	7.3	6.7	7.0	7.0	6.1
Denmark	4.8	3.9	3.8	3.4	6.0	7.5	7.6	7.5	7.0	6.6
Germany	11.2	10.1	8.5	7.4	7.6	7.0	5.8	5.4	5.2	5.0
Estonia	8.0	5.9	4.6	5.5	13.5	16.7	12.3	10.0	8.6	7.4
Ireland	4.4	4.5	4.7	6.4	12.0	13.9	14.7	14.7	13.1	11.3
Greece	10.0	9.0	8.4	7.8	9.6	12.7	17.9	24.5	27.5	26.5
Spain	9.2	8.5	8.2	11.3	17.9	19.9	21.4	24.8	26.1	24.5
France	8.9	8.8	8.0	7.4	9.1	9.3	9.2	9.8	10.3	10.2

O quadro 2 apresenta as taxas de crescimento do PIB, de acordo com o Eurostat (2015), para vários países europeus, incluindo a Grécia. O Eurostat especifica que o cálculo da taxa de crescimento do PIB em termos de volume se refere ao PIB a preços correntes. Os preços correntes são avaliados com base nos preços do ano anterior e as variações de volume são, por conseguinte, impostas ao nível de um ano de referência. Consequentemente, as variações de preços não inflacionam a taxa de crescimento.

geo \ time	2005	2006	2007	2008	2009	2010	2011	2012	2013	2014
Belgium	8.5	8.3	7.5	7.0	7.9	8.3	7.2	7.6	8.4	8.5
Bulgaria	10.1	9.0	6.9	5.6	6.8	10.3	11.3	12.3	13.0	11.6
Czech Republic	7.9	7.1	5.3	4.4	6.7	7.3	6.7	7.0	7.0	6.1
Denmark	4.8	3.9	3.8	3.4	6.0	7.5	7.6	7.5	7.0	6.6
Germany	11.2	10.1	8.5	7.4	7.6	7.0	5.8	5.4	5.2	5.0
Estonia	8.0	5.9	4.6	5.5	13.5	16.7	12.3	10.0	8.6	7.4
Ireland	4.4	4.5	4.7	6.4	12.0	13.9	14.7	14.7	13.1	11.3
Greece	10.0	9.0	8.4	7.8	9.6	12.7	17.9	24.5	27.5	26.5
Spain	9.2	8.5	8.2	11.3	17.9	19.9	21.4	24.8	26.1	24.5
France	8.9	8.8	8.0	7.4	9.1	9.3	9.2	9.8	10.3	10.2

Quadro 2: Taxas de crescimento do PIB Fonte: Eurostat (2015)

Na sequência da falta de consenso quanto à eleição de um novo presidente democrático em dezembro de 2014, realizaram-se eleições legislativas em janeiro, em conformidade com a Constituição grega. O governo atualmente eleito é uma coligação entre o partido de esquerda SYRIZA e o partido de direita ANEL. A estratégia do novo governo consiste em renegociar os termos do memorando e reduzir as medidas de austeridade.

2.6 Efeitos da crise na Grécia

A atual crise financeira teve e está a ter muitos efeitos negativos, não só nos indicadores financeiros da Grécia, como vimos acima, mas também a nível sociológico geral, como salientam Chowdhury et al (2013). Os despedimentos, o desemprego, as falências de pequenas e grandes empresas, a redução do consumo e da produção, entre outros efeitos, provocaram um sentimento geral de incerteza que, nalguns casos, conduz mesmo à depressão, segundo Gregory et al (2013). A perda de confiança no sistema bancário levou à transferência de depósitos (Keisidou et al 2013), resultando num risco iminente de falência bancária.

A taxa de desemprego da Grécia é sistematicamente uma das piores da zona euro. O gráfico seguinte mostra o total anual de contratações e despedimentos entre 2001 e 2012, com base nos dados da Organização Grega para o Emprego da Força de Trabalho (OAED). O gráfico revela as tendências após o início dos efeitos reais da crise grega, com uma queda significativa do recrutamento e um aumento do número total de despedimentos.

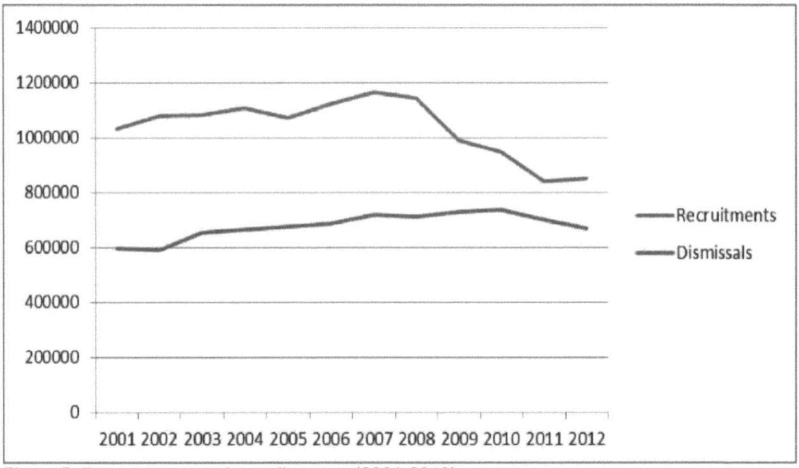

Figura 5: Recrutamento e despedimentos (2001-2012)

O desemprego, combinado com salários baixos, despedimentos (Kondylis 2013), (ekathimerini 2013) e condições de trabalho frequentemente abusivas, são as principais causas da atividade criminosa. Apesar das estimativas, segundo o Eurostat (ver quadro 3), registou-se uma redução das taxas de criminalidade.

	Number (1 000)											Index (2007 = 100)				
	2002	2003	2004	2005	2006	2007	2008	2009	2010	2011	2012	2008	2009	2010	2011	2012
Belgium	1 012.8	1 007.8	1 013.7	999.4	1 022.8	1 034.4	1 043.6	1 067.3	1 072.0	1 111.0	1 073.8	101	103	104	107	104
Bulgaria	146.9	143.9	142.1	137.8	136.4	134.7	126.7	138.1	147.0	128.6	120.6	94	103	109	95	90
Czech Republic	372.3	357.7	351.6	344.1	336.4	357.4	343.8	332.8	313.4	317.2	304.5	96	93	88	89	85
Denmark	491.5	486.2	474.4	432.7	425.1	445.3	477.0	491.8	471.1	466.8	440.8	107	110	106	105	99
Germany	6 507.4	6 572.1	6 633.2	6 391.7	6 304.2	6 284.7	6 114.1	6 054.3	5 933.3	5 990.7	5 997.0	97	96	94	95	95
Estonia (1)	53.3	53.6	53.0	52.9	51.8	50.4	51.0	48.4	48.3	42.6	40.8	101	96	96	85	81
Ireland	106.4	103.5	99.2	102.2	103.2	:	:	:	:	:	:	:	:	:	:	:
Greece (2)	441.1	441.8	405.6	456.0	463.8	423.4	417.4	386.9	334.0	194.0	194.1	99	91	79	46	46
Spain (3)	2 183.5	2 144.2	2 141.3	2 230.9	2 267.1	2 309.9	2 396.9	2 339.2	2 297.5	2 285.5	2 268.9	104	101	99	99	98
France	4 113.9	3 974.7	3 825.4	3 775.8	3 725.6	3 589.3	3 558.3	3 521.3	:	:	:	99	98	:	:	:
Croatia	77.9	80.4	85.4	79.9	81.0	75.9	74.6	73.5	73.3	75.6	72.2	98	97	97	100	95
Italy (4)	2 231.6	2 456.9	2 417.7	2 579.1	2 771.5	2 933.1	2 709.9	2 629.8	2 621.0	2 763.0	2 818.8	92	90	89	94	96
Cyprus	4.8	7.3	7.6	7.2	7.9	7.6	7.3	7.1	8.4	8.5	8.0	97	94	111	112	106
Latvia (5)	49.3	51.8	62.2	51.4	62.3	55.6	57.5	56.7	51.1	51.6	49.9	103	102	92	93	90
Lithuania	72.6	79.1	84.1	82.1	75.5	68.0	72.0	76.3	70.6	72.1	75.3	106	112	104	106	111
Luxembourg	26.0	26.2	26.9	25.3	25.9	28.3	28.2	32.4	30.5	35.7	37.6	100	115	108	126	133
Hungary	420.8	413.3	418.8	436.5	425.9	426.9	408.4	394.0	447.2	451.4	472.2	96	92	105	106	111
Malta	17.0	17.7	18.4	18.6	16.5	15.0	13.8	12.0	13.3	14.2	15.6	92	80	89	95	104
Netherlands (6)	1 401.9	1 369.3	1 319.5	1 348.3	1 311.8	1 303.8	1 277.8	1 254.5	1 194.0	1 194.1	1 139.7	98	96	92	92	87
Austria	591.6	643.3	643.6	605.3	589.5	594.2	572.7	591.6	535.7	540.0	548.0	96	100	90	91	92
Poland	1 404.2	1 466.6	1 461.2	1 380.0	1 287.9	1 153.0	1 082.1	1 129.6	1 151.2	1 159.6	1 119.8	94	98	100	101	97
Portugal	391.6	417.4	416.4	392.7	399.6	398.6	430.5	426.0	422.6	413.7	403.2	108	107	106	104	101
Romania	312.2	276.8	231.6	208.2	232.7	281.5	289.3	299.9	292.7	258.9	308.5	103	107	104	92	110
Slovenia	77.2	76.6	86.6	84.4	90.4	88.2	81.9	87.5	89.5	88.7	91.4	93	99	101	101	104

Quadro 3: Crimes registados pela polícia (2002- 2012)

Fonte: Eurostat (2015)

(1) 2006: break in series.
(2) 2011: break in series.
(3) 2005 and 2008: break in series.
(4) 2004: break in series.
(5) 2004, 2005 and 2006: break in series.
(6) 2005: break in series.
(7) 2009: break in series.
(8) 2005 and 2010: break in series.
(9) 2005 and 2006: break in series.
Source: Eurostat (online data code: crim_gen)

De acordo com o portal de estatísticas da polícia grega, as taxas de criminalidade continuaram a diminuir em 2013 e 2014. Por outro lado, os dados também revelam que a mendicidade aumentou quase 150% em 2013 em relação a 2012, assim como o contrabando, a circulação de dinheiro falso, a exploração e o abuso sexual.

As medidas de austeridade também tiveram um grande impacto na educação. A educação

foi drasticamente reduzido. O projeto de lei da educação

A lei da educação foi alvo de críticas negativas por parte da maioria dos

académicos e professores e todo o sistema educativo foi alvo de especulação, levando à sua desvalorização (Kostagiolas et al 2011).
todo o sistema educativo foi objeto de especulação, o que levou à sua desvalorização (Kostagiolas et al 2011).

O chamado nível de vida caiu a pique em resultado das medidas de austeridade que levaram a cortes orçamentais não só nas despesas com a educação, como já foi referido, mas também na saúde, nos serviços públicos (introdução de um imposto adicional sobre o combustível para aquecimento) e muito mais. As consequências sociais negativas da crise incluem a incerteza quanto ao futuro, a violência social e um sentimento geral de depressão entre a população, que pode mesmo levar a tentativas de suicídio. De acordo com a Organização Mundial de Saúde (OMS, 2014), o suicídio deve ser visto, para além de um colapso pessoal, como uma deterioração do contexto social da vida de uma pessoa.

O quadro seguinte apresenta dados sobre os suicídios registados na Grécia entre 2008 e 2012. É de salientar que a maioria das pessoas que se suicidaram eram consideradas "inactivas" no trabalho.

Annual suicides	Men	Women	Total
2008	268	65	333
2009	333	58	391
2010	336	41	377
2011	393	84	477
2012	417	91	508

Quadro 4: Suicídios registados na Grécia (2008- 2012)
Dados retirados de Klimaka (ONG) (2015)

2.7 Avaliação da estratégia e dos planos futuros da Grécia

Avaliar a estratégia da Grécia não é um processo simples. A sociedade em geral

a sociedade em geral, tendo em conta os efeitos acima analisados, não aprovou as medidas de austeridade.

não aprovou as medidas de austeridade. As manifestações e as greves foram o fenómeno habitual. De acordo com o New York Times (2013), a estratégia da Grécia para combater a evasão fiscal suscitou, de facto, mais raiva do que dinheiro. A objeção da sociedade à estratégia do governo reflectiu-se, em parte, nos resultados das recentes eleições em que, pela primeira vez na história moderna da Grécia, foi eleito um partido de esquerda (SYRIZA).

A avaliação da estratégia da Grécia deve, no entanto, examinar os resultados da estratégia em termos do seu efeito nos vários indicadores financeiros. Ao avaliar a estratégia da Grécia, deve ter-se em conta que a Grécia não aplicou efetivamente todas as condições do memorando da Troika. Pelo contrário, devido principalmente à resistência da sociedade e às hesitações do Governo, as auditorias revelaram poucos progressos.

Tal como referido pela CE na quarta revisão do programa de ajustamento económico da Grécia (2014), os progressos da Grécia sofreram atrasos, mas a Grécia conseguiu, no entanto, apresentar um excedente primário em 2013. As estimativas iniciais indicavam que a Grécia começaria gradualmente a sair da recessão a partir de 2014.

A figura seguinte (Figura 4) mostra a taxa de crescimento anual em percentagem do PIB para vários países do Sul da Europa, sendo evidente que a Grécia registou um crescimento significativo do PIB em 2012 e 2013.

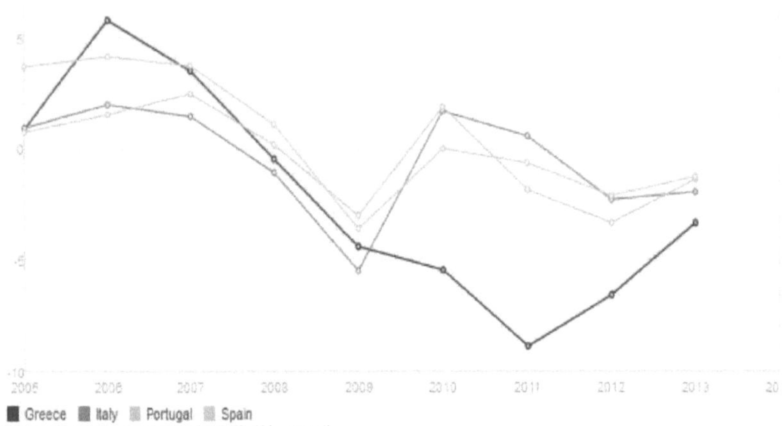

Figura 6: Crescimento do PIB (% anual)

Fonte: Banco Mundial (2015) Banco Mundial (2015)

As previsões apontam igualmente para um crescimento anual positivo do PIB de cerca de 0,6% em 2014 e para um crescimento ainda mais positivo nos próximos anos. Em 2013, um excedente de 0,7% do PIB substituiu o défice dos anos anteriores.

Os spreads das obrigações do Estado também começaram a melhorar a partir de meados de 2013 e o Governo grego emitiu efetivamente uma obrigação a cinco anos em abril de 2014. Note-se que a Grécia não emitia obrigações desde o início da crise e esta foi a primeira tentativa de contrair empréstimos no mercado obrigacionista internacional.

As notícias também foram positivas para o turismo, e é preciso ter em conta que os serviços são um fator importante na economia grega. De acordo com os dados da Associação das Empresas Turísticas Gregas (SETE, 2015), as chegadas de turistas internacionais quase duplicaram desde 2000, com um aumento acentuado em 2013. A Figura 5 mostra as chegadas de turistas internacionais entre 2000 e 2013.

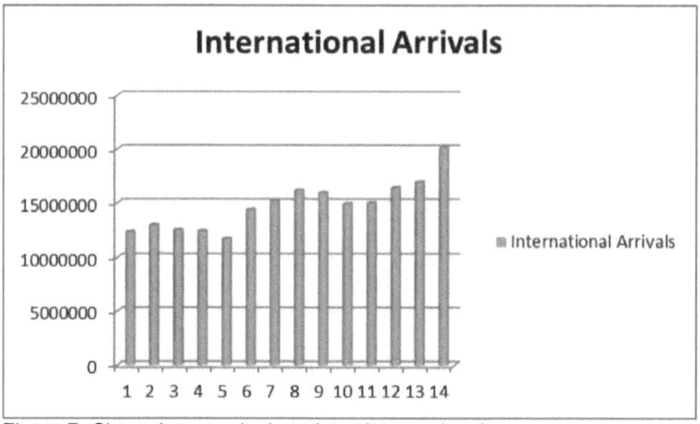

Figura 7: Chegadas anuais de turistas internacionais

Do lado positivo, registou-se também uma queda dos preços, medida pelo deflator do PIB. Este facto foi muito benéfico para o poder de compra das famílias e teve um efeito globalmente positivo na competitividade, o que também ajudou as exportações. Por outro lado, as famílias tiveram de suportar uma tributação adicional sobre a propriedade privada e uma tributação indireta adicional sobre a gasolina utilizada para aquecimento. Estes factores, associados a outras medidas de austeridade (cortes salariais, etc.), conduziram a uma redução significativa do nível de vida médio.

No que respeita à percentagem da dívida pública em relação ao PIB, é de notar que se tem verificado uma deterioração. Embora a dívida pública, segundo o Eurostat (2015), tenha diminuído para 92,1% do PIB na zona euro e 86,6% na UE28 no terceiro trimestre de 2014, os valores agravaram-se no caso da Grécia. Um pico de cerca de 180% do PIB foi registado em 2013-2014, embora algumas previsões esperem uma melhoria após 2015, como mostra a Figura 6.

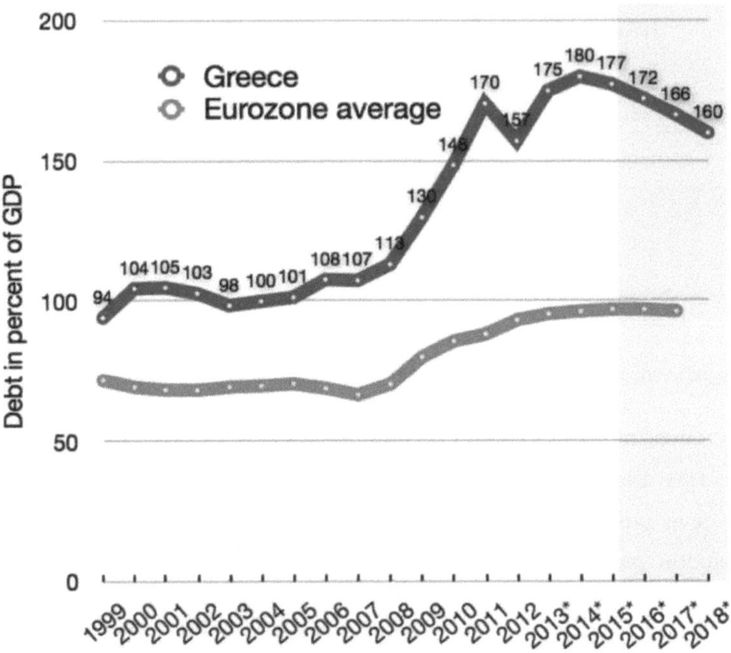

Figura 8: Dívida em percentagem do PIB

Fonte: Eurostat (2015) Eurostat (2015)

Em resumo, a avaliação da estratégia da Grécia até à data indica que se registou uma lenta recuperação dos indicadores financeiros gregos, embora haja ainda muito espaço para melhorias. Por outro lado, esta recuperação não se reflectiu suficientemente na vida quotidiana. A população grega continua a sofrer os efeitos da recessão económica e a taxa de desemprego é muito elevada. Não é fácil identificar as causas exactas. As opiniões dividem-se muito: será que o memorando assenta numa estratégia errada ou será que a culpa é da não aplicação integral das suas disposições?

Aparentemente, a julgar pelos resultados das recentes eleições gregas, a maioria dos gregos acredita que os termos do memorando devem ser fundamentalmente alterados e que devem ser efectuadas negociações sólidas. O novo governo eleito é maioritariamente composto por deputados de esquerda. O SYRIZA é uma organização pluralista, que inclui várias componentes da esquerda radical, e as acções do governo são frequentemente objeto de controvérsia, expressa até pelos seus próprios membros.

Os próximos planos, anunciados pelo Primeiro-Ministro grego na sua declaração programática, centram-se na chamada "crise humanitária" (Independent, 2015). Afirmou também que seriam introduzidas várias medidas anti-austeridade ao longo de um período de quatro anos, deixando claro que nem todas as reformas seriam revertidas. Na sua declaração, prometeu ainda que a Grécia cumpriria as suas obrigações em matéria de dívida.

No entanto, estas declarações não estão inteiramente de acordo com as declarações pré-eleitorais. Segundo o Guardian (2014), Alexis Tsipras disse que os termos horríveis do memorando seriam revertidos, embora sempre tenha insistido que o seu partido estava empenhado em que a Grécia continuasse a ser membro da zona euro.

Tendo em conta o que precede, o Governo grego está a enfrentar uma forte pressão tanto dos credores como dos opositores internos. As negociações, tal como conduzidas nas recentes reuniões do Eurogrupo, mostram que a maioria dos credores considera que os acordos anteriores devem ser respeitados e que não existe uma margem significativa para a implementação de reformas.

Segundo a Business Insider (2015), *"o risco de incumprimento da Grécia e de saída da Europa é muito elevado".* O Presidente do Eurogrupo, Dijselbloem, afirmou que a Grécia poderá ter de impor controlos de capitais num futuro próximo. As discussões técnicas não estão a progredir como esperado e as autoridades gregas não estão em condições de as levar a bom porto.

As contrapartes não estão a fornecer dados suficientes sobre indicadores financeiros e planos futuros, como afirmaram funcionários da CE, do BCE e do FMI (Wall Street Journal, 2015).

Como se pode ver pelo exposto, a situação atual no que respeita à estratégia futura da Grécia e aos resultados esperados é, nesta fase, bastante obscura. As estimativas vão desde a aplicação integral dos termos do memorando e o cumprimento dos acordos anteriores até ao incumprimento soberano e à saída da zona euro.

3. Metodologia

3.1 Estratégia de investigação

O método de estudo de caso foi escolhido como o principal método de investigação para este estudo. O estudo de caso centra-se na avaliação de estratégias para a gestão global de uma crise financeira e na procura e proposta de soluções óptimas.

O método do estudo de caso consiste em duas abordagens distintas. A primeira consiste em examinar em profundidade um fenómeno específico, neste caso a crise financeira grega. A segunda abordagem envolve a análise de um caso com o objetivo de o justapor a uma teoria. Yin (2002) defende que a investigação de estudo de caso se baseia na análise de um fenómeno contemporâneo no seu contexto natural, com ênfase nos casos em que as fronteiras entre o fenómeno e o seu contexto não são tão claras.

De acordo com Herling et al (2000), o principal objetivo da investigação de estudo de caso é fornecer um contexto científico. Um estudo de caso pode ser útil para confirmar uma abordagem teórica ou mesmo para criar uma teoria completamente original e, em suma, contribuir para a evolução do conhecimento científico.

Por outro lado, Cavaye (1996) afirma que, na ausência de terminologia específica relativa à investigação de estudo de caso, esta pode ser definida como o método que analisa um fenómeno contemporâneo no seu contexto natural, utilizando técnicas e instrumentos qualitativos para avaliar a informação e as conclusões extraídas. A investigação de estudo de caso centra-se na obtenção de uma compreensão aprofundada do enquadramento do fenómeno e pode fornecer um novo contexto científico, bem como examinar factores já existentes.

Como qualquer outra estratégia de investigação, a investigação de estudo de caso tem os seus pontos fortes e fracos. Uma das suas principais vantagens é o facto de fornecer resultados concretos e estar adequadamente ligado a condições reais através da utilização de múltiplos dados e métodos. Além disso, permite a utilização de um grande número de factores para analisar em profundidade uma tarefa específica. Por outro lado, a sua principal desvantagem é que, embora se possa deduzir um contexto científico geral, este contexto nem sempre pode ser apoiado por todos os casos que serão examinados no futuro. De acordo com Cavaye (1996), isto acontece especialmente nos casos em que o investigador não consegue lidar adequadamente com os factores individuais que desempenham um papel importante no desenvolvimento de um fenómeno.

3.2 Instrumentos de recolha de dados

Os dados serão recolhidos através de métodos de investigação qualitativa. Estes métodos incluem entrevistas pessoais. De acordo com Rubin e Rubin (2012), as entrevistas pessoais são entrevistas em profundidade que analisam o carácter e permitem ao investigador fazer uma avaliação de um fenómeno não direto. Como indicado por Denscombe (2007), as entrevistas serão realizadas de forma direta, com base em perguntas não estruturadas. As perguntas não estruturadas permitem a recolha de dados adicionais que, em muitos casos, não podem ser obtidos através de uma entrevista estruturada.

Uma entrevista não estruturada e em profundidade, como sugerido por Cunningham et al (2010), é preferível para um estudo de caso. Outros instrumentos de recolha de dados incluem a observação, os diários e os grupos de discussão. Tal como acontece com qualquer instrumento de recolha de dados, as entrevistas pessoais têm certas vantagens e desvantagens. Uma avaliação de Denscombe (2007), Cunningham et al

(2010), Offredy e Vickers (2010) e Tayie (2005) leva à seguinte avaliação das entrevistas pessoais:

Benefícios

- As entrevistas pessoais, que são mais diretas, favorecem a máxima participação do entrevistado ( ).
- Deixam pouca margem para interpretações erróneas, uma vez que existe sempre a possibilidade de fazer mais perguntas e obter explicações.
- Facilitam ao entrevistador a gestão da "logística" da entrevista.
- O contacto direto de uma entrevista pessoal permite uma análise aprofundada dos antecedentes, sentimentos e pensamentos dos participantes.
- A entrevista pessoal, enquanto processo interativo, permite frequentemente ao investigador obter um novo ponto de vista e descobrir perspectivas que não tinha inicialmente considerado.

Desvantagens

- Diferentes variáveis como a idade, o género, o nível de educação e a profissão, entre outras, são susceptíveis de influenciar a credibilidade das conclusões da entrevista.
- As condições de confidencialidade e o clima de incerteza que reina durante o procedimento podem levar a pessoa interrogada a dar respostas reservadas.
- As entrevistas pessoais podem exigir mais tempo do que outros instrumentos de recolha de dados.

O estudo em questão utilizará entrevistas não estruturadas como instrumento de recolha de dados e, tal como sugerem Foddy (1993) e Klenke (2008), este método específico de entrevista pessoal tem a vantagem de dar aos entrevistados a oportunidade de responderem de forma direta e mais espontânea. As perguntas não estruturadas raramente influenciam as respostas dos participantes, e o contacto direto permite ao investigador "ler nas entrelinhas". Além disso, as entrevistas oferecem um leque mais vasto de dados do que os questionários pré-estabelecidos, cujo conjunto de dados se limita a informações extraídas de perguntas específicas.

No entanto, as entrevistas não estruturadas no local também têm algumas desvantagens. Uma conversa livre entre o investigador e o participante pode, por vezes, levar a um desvio do tema principal da investigação. É igualmente possível que os dados obtidos não estejam diretamente relacionados ou não sejam utilizados de forma adequada para os objectivos da investigação. Estas desvantagens podem ser minimizadas desde que o investigador, apesar da fluidez da entrevista, tenha sempre em mente as principais questões que devem ser abordadas e oriente a conversa em conformidade.

Tal como referido anteriormente, este estudo utilizará entrevistas não estruturadas como instrumento de recolha de dados. A avaliação dos instrumentos de recolha de dados disponíveis, combinada com o tema de investigação do estudo, a crise económica grega, levou à conclusão de que este é o instrumento mais adequado, dada a natureza do tema, o seu amplo espetro e a necessidade de uma abordagem flexível.

Para a realização das entrevistas não estruturadas, foi elaborada uma série de perguntas que serviram de guia e os entrevistados foram selecionados em dois domínios distintos. Assim, as entrevistas serão realizadas com um decisor político e um gestor cuja experiência está ligada ao sector bancário. A seleção dos participantes foi feita tendo em conta a necessidade de ter uma variedade de pontos de vista sobre a crise económica global, centrando-se no caso da Grécia em particular. As respostas que envolvam uma avaliação geral da crise financeira grega em termos de causas, efeitos, estratégias e outros factores serão incluídas e avaliadas.

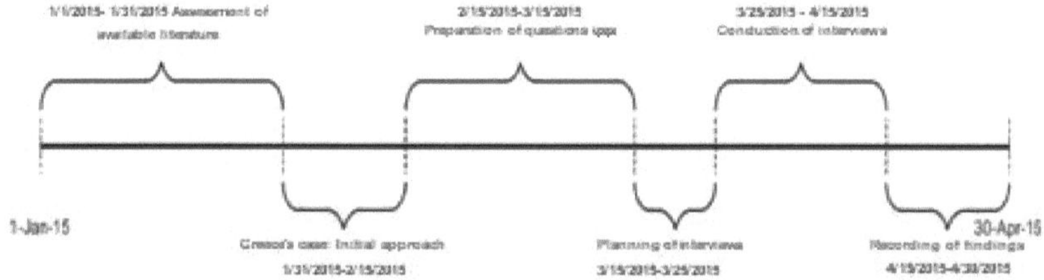

3.3 Linha do tempo

O estudo será efectuado de acordo com o seguinte calendário:

3.4 Questões éticas

A cada entrevistado que participe neste estudo será feita uma breve apresentação dos seus aspectos e objectivos. São aplicadas condições de anonimato e de confidencialidade. A natureza das perguntas é tal que não coloca os participantes numa posição embaraçosa nem se centra em indivíduos específicos.

3.5 Limites

Uma vez que o tema principal do estudo é a crise económica grega, que é um fenómeno muito específico num contexto particular, há pouca margem para interpretar factos baseados noutros estudos de caso que parecem ter um contexto comum. Além disso, embora o estudo permita a recolha de uma variedade de dados, dado o número limitado de participantes, não pode ser considerado um guia absoluto da opinião pública sobre o assunto.

4. Resultados - Discussão

4.1 Resumo da entrevista

Nesta secção, com base nas respostas dos três inquiridos que constituem a totalidade da amostra deste estudo, vamos tirar algumas conclusões úteis em relação ao tema em questão. O objetivo do investigador era ilustrar e fazer uma abordagem qualitativa do assunto e não apresentar uma perspetiva geral, razão pela qual optou por discutir as questões levantadas com pessoas experientes e com conhecimentos adequados sobre o assunto específico.

Os entrevistados foram escolhidos a partir do mundo político e, mais especificamente, o investigador falou com um deputado que tem contacto direto com o Ministério das Finanças e lida com questões relacionadas, um diretor-geral de uma grande empresa multinacional que abordou a questão do ponto de vista do sector privado e, finalmente, um banqueiro, dado que os bancos foram fortemente influenciados pela crise e, para muitas pessoas, foram também responsáveis pelo seu desencadeamento.

Os resultados serão apresentados e analisados por pergunta efectuada. Em particular, o investigador citará a questão colocada e, em seguida, resumirá as respostas dos entrevistados, incluindo quaisquer comentários relacionados. Antes de analisar as respostas, convém mencionar que foram tomadas notas durante as entrevistas e que estas foram desenvolvidas posteriormente, uma vez que nenhum dos três participantes aceitou a utilização de um gravador.

4.2 Perguntas :

4.2.1 Quais são, na sua opinião, as causas da atual crise económica mundial?

A primeira pergunta pedia aos inquiridos que identificassem, do seu ponto de vista, as razões que conduziram à atual crise mundial. Pode dizer-se brevemente que houve algumas semelhanças nas suas respostas, na medida em que, embora a crise financeira parecesse inicialmente afetar apenas os Estados Unidos, ao centrar-se no sector bancário e, em particular, na fraca prestação de serviços hipotecários, rapidamente assumiu proporções epidémicas.

Segundo as pessoas entrevistadas, a crise financeira propagou-se rapidamente nos países ditos "ocidentais" e depois à escala mundial, com consequências dramáticas para o sistema bancário e o mundo dos negócios.

O político, que nas suas respostas se refere frequentemente a "instrumentos internacionais", mencionou que: "*Segundo o Fundo Monetário, a crise infiltrou-se e continua a infiltrar-se intensamente na economia real, provocando recessão, desemprego e outras catástrofes em vários sectores da economia internacional.* O Diretor-Geral desta eminente organização parece concordar com esta opinião, acrescentando: "O sistema político é incapaz de lidar com a crise devido *à sua falta de vontade, uma vez que todos os membros da União Europeia e as várias instituições mundiais, como o FMI, servem os seus próprios interesses.* Assim, não há solução para o problema e o mundo económico está num impasse sem saída.

Por fim, o banqueiro, tendo em conta a situação do sector bancário, respondeu de forma diferente, dizendo: "*A situação pode ser difícil, mas, para mim, não é impossível, porque as causas da crise mundial foram localizadas e analisadas em profundidade. Pessoalmente, continuo a ter confiança na estrutura do sistema bancário. Na minha opinião, a crise pode ter tido origem aí, mas há outros factores que agravaram a situação e maximizaram os problemas, sobretudo políticos".*

Todos os inquiridos parecem partilhar a opinião de que a crise é grave e difícil de controlar. De acordo com as suas respostas, as principais razões da crise podem ser resumidas ao sistema bancário e ao seu funcionamento ambíguo durante anos em países como os Estados Unidos ( ), à fraqueza da cooperação entre países e ao sistema político. Concluiu-se também que os cidadãos são igualmente responsáveis. Mais especificamente, o banqueiro afirmou: "*Em caso de crise, os cidadãos também têm muito a responder, uma vez que apoiaram implicitamente o sistema político e económico podre durante anos, bem como as más práticas do sistema bancário".* Os entrevistados também concordaram que um dos principais problemas foi o crédito ilimitado que dominou a cena internacional durante anos.

4.2.2 : Quais foram os primeiros sinais da crise financeira na Grécia?

A segunda pergunta era sobre a identificação dos sinais de alerta da crise na Grécia. Todos os inquiridos identificaram vários sinais, pelo que passamos a resumir as respostas. De acordo com todos os entrevistados, os sinais de alerta da crise já estavam presentes desde o golpe de Estado de 1967 na Grécia, mesmo que não fossem fáceis de detetar. No final deste período difícil, a Grécia mudou de direção e o sistema político tornou-se mais liberal e pronto a responder às necessidades da população. Esta situação proporcionou a oportunidade de oferecer uma série de benefícios populares e investimentos no sector público. O governo socialista recém-eleito em 1981 optou por remediar o desemprego criando um sector público enorme e disfuncional, cujo funcionamento pesava muito no orçamento nacional.

Estas mudanças deram origem a vários sinais que acompanhariam a futura crise. *Um país onde os políticos consomem para servir os seus interesses pessoais, encorajam ou mesmo reforçam a corrupção e colocam o seu próprio bem-estar acima do bem comum, será sem dúvida, mais cedo ou mais tarde, forçado a enfrentar as consequências"*, afirmou o CEO.

O banqueiro referiu-se igualmente ao período que se seguiu ao golpe de Estado de 1967, enquanto o político afirmou que "todos os governos após 1981 são, de facto, um sinal da crise que se seguirá": *"Todos os governos após 1981 são, de facto, um sinal da crise que se seguirá. A crise é, sem dúvida, da sua responsabilidade e o resultado das suas políticas ineficazes".* O Diretor-Geral sublinhou igualmente que, no que se refere à corrupção no domínio político, "*decisões como as despesas excessivas em equipamento militar revelam a ausência de uma gestão financeira adequada".*

Para além do sistema político, acredito firmemente que há outro sinal que, se fosse reconhecido mais cedo, teria resolvido muitos problemas, nomeadamente a evasão fiscal e o crédito bancário descontrolado", afirmou o Chefe do Executivo. Acrescentaria que um sinal mais recente da crise foi e continua a ser a evasão fiscal e o endividamento excessivo dos bancos através de cartões de crédito e empréstimos que não reflectem o verdadeiro poder de compra. Não é exagero admitir que todos estavam a viver acima das suas possibilidades". O banqueiro não se referiu aos bancos, mas destacou a questão da evasão fiscal.

Quanto às causas da crise grega, os três participantes responderam que esta se deve certamente à globalização, que enfraqueceu a competitividade dos produtos gregos. As políticas da UE, como o controlo dos níveis de produção agrícola através de quotas, não ajudaram a situação.

A indústria naval grega, e em particular a frota mercante grega, foi outrora a principal fonte de rendimento do país e, embora continue a ser uma das maiores frotas do mundo, a maioria dos navios arvora "bandeiras baratas" e cerca de 90% das tripulações não são cidadãos gregos, principalmente da

Ásia e dos países da Europa Oriental. A deterioração do sector marítimo grego há muito que é um prenúncio de uma crise financeira iminente.

4.2.3 : Qual é a relação entre as duas crises?

No que se refere à terceira pergunta de investigação, sobre a relação entre a crise mundial e a crise grega, as respostas dos inquiridos podem resumir-se na afirmação de que a crise da economia grega está em parte ligada à estratégia do euro. Apesar de um otimismo injustificado no início, os desenvolvimentos económicos nos mercados financeiros internacionais afectaram a estrutura do euro, provocando um efeito de dominó.

A coexistência de países na zona euro, apesar dos mecanismos de controlo e outros critérios, não conseguiu ultrapassar as diferenças substanciais nos seus indicadores financeiros. De acordo com o banqueiro, as diferentes taxas de crescimento *"conduziram ao desenvolvimento de alguns países, enquanto outras economias estagnaram relativamente".*

As opiniões dos três entrevistados sobre a relação entre a crise internacional e a crise grega levam a concluir que as elevadas taxas de crescimento dos países periféricos conduziram, simultaneamente, a uma redução significativa do custo dos empréstimos internos e a um afluxo de capitais estrangeiros que criou as condições para o aparecimento de excedentes constantes nas transacções financeiras. Os países neoliberais beneficiaram desta situação, enquanto em países como a Grécia as consequências foram catastróficas. *A crise mundial está diretamente ligada à crise grega, porque, após a adaptação do euro na Grécia, todos os acontecimentos financeiros a nível internacional têm um impacto direto em todos os países com uma economia já frágil como a nossa",* declarou o Diretor-Geral.

4.2.4 : Quais foram as principais razões da crise financeira na Europa?

Grécia?

A pergunta seguinte, sobre as causas que conduziram à crise grega, já foi, em certa medida, respondida pela pergunta anterior sobre os sinais de uma situação económica insustentável na Grécia. Por conseguinte, para esta pergunta, foi pedido aos participantes que comentassem os acontecimentos recentes, indicando as últimas causas que, na sua opinião, conduziram à crise de 2008. Esta clarificação foi efectuada no decurso dos debates e tendo em conta as respostas à segunda pergunta.

Em resumo, a análise dos debates levou às seguintes conclusões: A primeira causa é a globalização da economia, uma vez que, como os entrevistados mencionaram, o fenómeno da globalização afectou a Grécia, com a maioria das operações nacionais e internacionais a optarem por investir em mercados mais baratos, em países onde a mão de obra é barata, apesar de o salário médio na Grécia ser um dos mais baixos da Europa Ocidental. Muitos empresários gregos decidiram desenvolver as suas indústrias nos países dos Balcãs, o que levou à falência de um grande número de empresas locais.

Os próprios empresários gregos reduziram o poder de compra dos consumidores gregos, o que levou à estagnação do mercado. Aqueles que tinham capacidade para exportar conseguiram encontrar uma saída para a crise. Por outro lado, os que não tinham essa capacidade fecharam inevitavelmente as suas empresas". A culpa é principalmente dos governos, porque nenhum deles foi capaz de oferecer incentivos mínimos para manter as empresas no país, e nenhum deles ofereceu incentivos para atrair investidores estrangeiros".

O banqueiro reconheceu que a situação grega era, em certa medida, o resultado das políticas da UE que introduziram várias condições de exportação da UE para um grande número de produtos. Estas políticas foram destrutivas para os produtores gregos de . *Ninguém consegue apagar da sua mente a imagem de milhares de toneladas de fruta a serem enterradas e os prejuízos que acompanharam a indústria naval grega",* afirmou o banqueiro. O sistema bancário, segundo o banqueiro, também não ajudou, uma vez que está exclusivamente orientado para o lucro através de empréstimos.

Outra causa aceite por todos foi a procura excessiva de crédito à habitação para que todos pudessem comprar casa própria, uma prática que criou um impasse e que é, sem dúvida, uma das principais causas da crise. Todos os entrevistados mencionaram também os elevados níveis de consumo para além das possibilidades das famílias, o consumo conspícuo e, em geral, a falsa sensação de crescimento que prevaleceu.

Por último, o político falou das estratégias da Grécia para aderir à zona euro e, em particular, das acções do governo de Simitis, salientando que a história mostra que o país está longe de estar preparado para cumprir critérios fiscais rigorosos. Referiu-se também ao escândalo da bolsa grega e às despesas excessivas e descontroladas do país com os Jogos Olímpicos de 2004.

4.2.5 : Na sua opinião, qual é a consequência mais importante da crise grega?

A pergunta seguinte questionava os inquiridos sobre qual era, na sua opinião, a principal consequência da crise grega. Os inquiridos continuaram a não dar uma única resposta porque, como dissemos, não há apenas uma consequência. Foi difícil para todos escolherem apenas uma consequência, porque cada consequência tem a sua própria importância. Em suma, foi consensual que a crise financeira teve um impacto negativo em todos os aspectos da vida social de uma pessoa, uma vez que as reduções significativas no rendimento destruíram o anterior sentimento de prosperidade e levaram muitas famílias à pobreza.

A atual taxa de exportação, a quase inexistência de crescimento económico e as taxas de desemprego, reconhecidas por todos os inquiridos, revelam o mau estado da economia grega e estão entre as consequências mais importantes. Como se pode ver em , o desemprego encabeça a lista das consequências mais desastrosas, enquanto mesmo a parte da população que tem emprego se encontra num estado vulnerável, ainda com medo de o perder.

As consequências da crise económica não são apenas diferentes de um país para outro, mas também se estendem à população de um mesmo país. As pessoas com baixos níveis de educação e recursos financeiros têm de lutar contra as consequências da crise para simplesmente sobreviver, enquanto uma pequena parte da população, embora existente, não sofre a crise a esse ponto.

Outra consequência importante detectada pelo Diretor-Geral e considerada como tendo um efeito destrutivo no mercado é a seguinte: "*O aumento constante do preço dos produtos de base e dos combustíveis, que constituem hoje um grande problema social, aliado ao desemprego que afecta quase todas as famílias, está a provocar tumultos, o aumento da criminalidade e de comportamentos fora da lei.*

4.2.6 : Considera que as medidas de austeridade eram inevitáveis?

A pergunta seguinte procurava discutir a necessidade e a eficácia das medidas adoptadas para restaurar a economia. A pergunta era se os inquiridos achavam que as medidas de austeridade eram inevitáveis. A resposta do político foi completamente diferente da dos outros dois entrevistados. Em particular, enquanto o diretor executivo e o banqueiro concordaram que as medidas de austeridade não eram inevitáveis e que o governo podia ter optado por outras soluções, o político disse que as medidas eram necessárias.

Em particular, o Diretor-Geral declarou que: "*Os governos e todas as outras instituições envolvidas não levaram os direitos humanos a sério nas suas estratégias e concentraram-se apenas nos aspectos financeiros do programa, negligenciando as consequências humanitárias. As medidas de austeridade apenas permitiram, e isso é ainda discutível, melhorar em certa medida os indicadores financeiros do país.*"

Dois em cada três inquiridos consideram que a realidade revelou a ineficácia das medidas de austeridade em todos os países europeus. Na Grécia, em particular, a aplicação de medidas como a redução dos salários não só não conduziu ao crescimento, como, pelo contrário, criou graves problemas e reduziu o poder de compra. A situação em países como a Grécia parece indicar exatamente o contrário. A estratégia de imposição de medidas de austeridade está a agravar as consequências da crise e a encorajar motins.

Pelo contrário, o político defendeu que as medidas de austeridade eram absolutamente necessárias, uma vez que todos viviam acima das suas possibilidades e que o sector público desproporcionado do país estava a drenar a economia. No entanto, salientou que as medidas poderiam ter sido distribuídas de forma mais justa e concentradas na parte mais rica da população. O governo não deveria limitar-se a impor estas medidas, mas sim concentrar-se na proteção do capital através da luta contra a evasão fiscal e a corrupção.

4.2.7: São necessárias reformas estruturais?

Tendo em conta a pergunta sobre a austeridade, os inquiridos foram depois questionados sobre a necessidade de a Grécia tomar medidas que envolvam também reformas estruturais. Neste caso, as respostas foram bastante diretas e centraram-se no conteúdo específico da pergunta. Todos os inquiridos concordaram que a Grécia de hoje ( ) necessita de uma reconstrução em vários sectores, nomeadamente no que se refere às funções do Estado.

Além disso, foi referido que era necessário ultrapassar a incapacidade dos governos e dos políticos em geral para gerir eficazmente uma situação complexa, que é a base para a reconstrução do país.

O político, apesar de ser um membro da esquerda, reconheceu a necessidade de reformas estruturais, mas insistiu na necessidade de uma abordagem humanitária. Atualmente, existe uma enorme distância entre os eleitores e os partidos, bem como *um descontentamento e um conflito constantes. O governo precisa de provar que o país funcionará melhor para todos se forem implementadas reformas estruturais. As medidas de austeridade, por si só, não resolvem nada e qualquer efeito positivo nos "números" é apenas temporário. As reformas estruturais permitir-nos-ão sair da crise e evitar que ela se repita.*

Todos os entrevistados consideraram que a reestruturação era uma estratégia eficaz, embora houvesse desacordo quanto aos sectores que essas reformas deveriam incluir. Como já foi referido, o político defendeu que a tónica devia ser colocada no aspeto humanitário, enquanto outros inquiridos se concentraram nas reformas estruturais, como a resolução do problema da burocracia e a criação de um ambiente mais atrativo para as empresas e o investimento.

4.2.8 : Na sua opinião, como é que a crise grega está a afetar a União Europeia?

Na última pergunta do inquérito, foi perguntado aos inquiridos se a crise grega tinha afetado e continua a afetar a correspondente União Europeia. Todos os inquiridos indicaram que a atual crise económica do país revelou não só as fraquezas estruturais da economia grega, mas também as fraquezas subjacentes da União Europeia na gestão desta crise e na proteção dos seus membros.

De acordo com o político: *"É agora óbvio que os países da periferia, e em particular os países do sul da Europa, como a Grécia, que parece ser a economia mais problemática, não podem sobreviver neste contexto que apenas beneficia os países privilegiados". Se estes países não cumprirem os requisitos orçamentais e os objectivos de crescimento e não se tornarem competitivos na zona euro, toda a estrutura europeia entrará em colapso e a zona euro cercará todos os seus membros".*

Depois, com base nas respostas dos outros dois inquiridos, concluiu-se, no que diz respeito ao impacto da crise grega na Europa, que a crise grega, que começou no final de 2009, afectou não só os países da zona euro, mas todas as economias, apesar da sua pequena dimensão.

Segundo o banqueiro: "*A crise financeira grega e o seu efeito de dominó na zona euro despertaram os mercados, até então indiferentes aos desequilíbrios entre os países da zona euro e aos problemas de competitividade e de desvio fiscal. Os mercados recusaram-se a continuar a emprestar à Grécia, porque o rácio da dívida financeira em relação ao PIB continuou a aumentar, ameaçando desestabilizar a economia grega. A Grécia tornou-se um "mutuário não fiável".*

A conclusão geral que se retira das respostas é que, por causa da Grécia, os mercados de todo o mundo começaram a analisar todos os países da zona euro que não cumpriam os critérios da zona euro. A crise revelou inevitavelmente todas as questões "escondidas" e os pontos sensíveis da estrutura da zona euro.

O comportamento dos mercados alarmou os líderes políticos europeus, que tentaram tomar medidas para controlar o pânico que se criou. Segundo o político: "*Os europeus, com a colaboração do Fundo Monetário Internacional, salvaram a Grécia da falência em maio de 2010. O problema grego tinha sido transferido três anos antes, graças a um empréstimo de 110 mil milhões de euros. Foi também criado um mecanismo de apoio para ajudar os países que enfrentam dificuldades semelhantes no futuro". Por causa da Grécia e de outros países em crise, como Portugal, a Europa não conseguiu tranquilizar os mercados quanto à possibilidade de resolução dos problemas. Os mercados não ficaram convencidos do ambiente constante e estável da zona euro, pelo menos com o quadro existente. A zona euro tornou-se um caso de estudo e ficou claro para quase todos os analistas que lhe faltavam bases sólidas e que nem os critérios iniciais de entrada nem os termos do Pacto de Estabilidade e Crescimento (PEC) podiam evitar as crises".*

A conclusão final desta pergunta é que, em 2010, se tornou claro que a reestruturação era necessária para a sobrevivência da zona euro. Desde os critérios do Tratado de Maastricht, muito tempo se passou, o ambiente financeiro mudou e a reavaliação é exigente. A estratégia de negociação da Grécia está fortemente centrada nestas mudanças. No entanto, mesmo que as exigências da Grécia sejam cumpridas a meio, é pouco provável que satisfaçam toda a gente. Por outro lado, talvez estas negociações conduzam a um resultado respeitável que una os membros da zona euro no futuro. Esta opinião foi partilhada pelos três entrevistados, que encerraram a sessão de perguntas e respostas com um sentimento de otimismo.

4.3 Discussão e ligação com a revisão da literatura

Ao concluir esta secção, e tendo em conta a análise anterior baseada nas respostas dos inquiridos a oito perguntas, verificou-se que o quadro teórico discutido nas secções anteriores era relevante. No sítio Web, houve um consenso total sobre as causas da crise, tanto a nível global como em relação à Grécia.

Como vimos em ambas as partes deste documento, estas causas são as seguintes (Bryan e Farrell, 2008; Ministério das Finanças, 2010; Manolopoulos, 2011 e Papaconstantinou et al, 2013): a) A crise evidenciou os desequilíbrios macroeconómicos existentes e as fraquezas estruturais da economia grega: a falta de competitividade e a falha organizacional do Estado. Estes problemas são evidentes nos elevados défices "gémeos", o défice da balança corrente e o défice orçamental. São também evidentes nas igualmente elevadas dívidas "gémeas" (pública e externa), que constituem a acumulação intemporal dos défices anuais correspondentes, b) A atual crise europeia, que começou sobretudo com a crise grega, não tem apenas uma causa financeira. É também o produto de diferenças de competitividade e de outros problemas locais em vários países, c) a corrupção política que dissolveu a Grécia nas últimas décadas, d) a dimensão desproporcionada do sector público, e) o consumismo excessivo, o declínio constante do investimento e os problemas nos sectores agrícola e industrial, f) a ausência de uma estratégia de desenvolvimento sustentável operações navais.

Houve também consenso sobre a relação entre a crise internacional e a crise grega. Em teoria, esta relação é referida por Chowdhury et al (2013) e é também evidente nos debates. A adesão à zona euro, mesmo que não estivesse preparada, afectou gravemente a Grécia, enquanto a crise grega levou a uma desregulamentação severa na zona euro. A análise da literatura e o debate concordam que as medidas de austeridade não são a solução; as medidas que foram tomadas não foram eficazes e as estratégias implementadas até à data falharam. Pelo contrário, reconhece-se que, apesar destes problemas, é do interesse dos países ocidentais ultrapassá-los e trabalhar em benefício de cada país.

5. Conclusões

5.1 Resumo

Para concluir este estudo, procurar-se-á, em primeiro lugar, fazer uma síntese dos resultados, em seguida, formular recomendações e, por último, propor futuras investigações. Em primeiro lugar, pode dizer-se, de uma forma geral, que a experiência da moeda única foi, em certa medida, imposta pelos mercados, que pressionaram os governos dos países da zona euro em matéria de critérios e de cooperação intergovernamental.

Atualmente, a maioria dos países da zona euro, incluindo a Grécia, está consciente de que a dissolução não é uma opção: teria consequências devastadoras para o comércio externo, as finanças e as perspectivas políticas e a prosperidade do continente no seu conjunto. É por isso que os países da UE estão atualmente a trabalhar numa estratégia para resolver estes problemas através de uma supervisão mais rigorosa da economia, combinada com um processo de integração que asseguraria a uniformidade das políticas nacionais em matéria de política fiscal e a concentração no crescimento e na competitividade. A Europa está agora a aperceber-se de que os países mais fracos precisam de ajuda e aconselhamento para conseguirem uma reestruturação eficaz.

Com a ajuda do mecanismo de apoio, a Grécia conseguiu reduzir as suas taxas de inflação e conseguiu mesmo minimizar os seus défices. Dada a sua posição geográfica, a Grécia é um país bastante atrativo para o investimento, e o crescimento viria se as reformas estruturais pudessem criar um ambiente mais atrativo para as empresas. A burocracia e a corrupção devem ser reduzidas ao mínimo se a Grécia quiser tornar-se mais competitiva e fiável.

Sem reformas estruturais, as medidas de austeridade, por si só, conduzirão o país a uma recessão mais profunda, o emprego aumentará ainda mais e a Grécia continuará a ser um parceiro pouco fiável.

5.2 Recomendações

Como já foi dito, as medidas de austeridade não podem ser a solução, e as disputas incessantes com a Europa sobre as reformas estruturais não nos levarão a lado nenhum. A Grécia deve proceder a reajustamentos significativos, com o objetivo de reduzir gradualmente os défices orçamentais e de reformular a sua estrutura financeira.

O sector privado tem de se desenvolver para reduzir o desemprego, enquanto o sector público deve ser progressivamente reduzido ao mínimo, com uma estratégia prudente a longo prazo que evite danos colaterais no emprego e no nível de vida. O Estado tem de racionalizar as suas operações, reduzir as despesas, reavaliar os pedidos de equipamento militar, reduzir a burocracia e efetuar reformas estruturais profundas.

O sector privado deve tornar-se mais competitivo e as profissões ditas "fechadas" devem deixar de existir. As empresas devem concentrar-se na qualidade dos seus produtos e serviços. Os governos gregos devem encarar a atual crise não apenas como uma catástrofe, mas também como uma oportunidade para reconstruir o país e criar um futuro melhor para as novas gerações.

5.3 Investigação adicional

Em conclusão, vale a pena mencionar que poderia ser efectuado um estudo mais aprofundado, centrado numa investigação pormenorizada a realizar através de um questionário relativo a sectores específicos da economia grega. O estudo poderia ser desenvolvido com a utilização de uma amostra maior de participantes, composta por executivos que conhecem a situação e podem dar respostas significativas ao problema da Grécia, à sua relação com a Europa e às possíveis soluções que poderiam ser implementadas num futuro próximo.

Referências

Awojobi, O., (2013) "Does trade openness and financial liberalization foster growth : An empirical study of Greek economy", *International Journal of Social Economics,* Vol.40, No.6, pp.537-555

Bernanke, B. (2000), Essays on the Great Depression. Princeton University Press

Bryan, L e Farrell, D., (2008), Leading through uncertainty, McKinsey, pp.1-14.

Business Insider (2015), The risk of a Greek default and an exit of Europe is 'very high'. Disponível em: http://www.businessinsider.com/greeces-moment-of-truth-alexis-tsipras-brussels-europe-meeting-2015-3

Cavaye, A.L.M. (1996)" Case study research : a multi-faceted research approach for IS" Information Systems Journal, Vol.6, No.3, pp. 227-242

Chowdhury, A., Islam, I., Lee, D., (2013) "The Great Recession, jobs and social crises: policies matter", *International Journal of Social Economics,* Vol.40, No.3, pp220-245.

Cunningham.C.J. Pittenger.D.J., Weathington.B.L. (2010) Research methods for the behavioral and social sciences. John Wiley & sons Inc, Hoboken, New Jersey.

Denscombe, M. (3rd ed) (2007), The Good Research Guide: for small scale research projects. Imprensa da Universidade Aberta

Ekathimerini (2013) Grécia e troika chegam a acordo sobre reserva para despedimento de trabalhadores do sector público. Disponível em : http://www.ekathimerini.com/4dcgi/ w artigos wsite1 1 09/07/2013 508286

Eleutherotypia (2009), Um caso de família Disponível em : http://www.enet.gr/?i=news.el.article&id=86060

Comissão Europeia (2009) European Economy: "Impact of current economic and financial crisis on potential output" Disponível em: http://ec.europa.eu/economy finance/publications/publication15479 en.pdf

Comissão Europeia (2014), O segundo ajustamento económico Programa para a Grécia Disponível em: http://ec.europa.eu/economy

finance/publications/occasionalpaper/2014/pdf/ocp192en.pdf

Comissão Europeia (2015) Pacto de Estabilidade e Crescimento Disponível em: http://ec.europa.eu/economy finance/economic governance/sgp/index en.htm

Eurostat (2015) Estatísticas do desemprego Disponível em : http://ec.europa.eu/eurostat/statistics-explained/index.php/unemployment statistics

Eurostat (2015) Contas Nacionais e PIB Disponível em : http://ec.europa.eu/eurostat/statistics-explained/index.php/Nationalaccounts ePIB

Eurostat (2015) Estatísticas da criminalidade Disponível em : http://ec.europa.eu/eurostat/statistics-explained/index.php/Crimestatistics

Eurostat (2015) Dívida bruta das administrações públicas: "Dados anuais" Disponível em: http://ec.europa.eu/eurostat/tgm/table.do?tab=table&init=1&language=en&pcode=teina225&plugin=1

Ministério Federal das Finanças (2010), Grécia anuncia planos de privatização. Disponível no seguinte endereço http://www.minfin.gr/portal/en/resource/contentObject/id/2f09efef-f916-4450-8236-de0606f1e12d

Foddy, W (1993) Constructing questions for interviews and questionnaires: Theory and practice in social research. Cambridge University Press, Reino Unido

Ministério das Finanças grego (2010) "Update of the Hellenic Stability and Growth Programme" Disponível em : http://ec.europa.eu/economy finance/economic governance/sgp/pdf/20scps/2009-10/01 programme/el2010-01-15spen.pdf

Gregory, A., Milner, S., Windebank, S., (2013) "Work life balance in times of economic crisis and austerity", *International Journal of Sociology and Social Policy,* Vol.33,No.9/10,pp.528-541

Global Research (2009) The global economic crisis of 2008: Global Shifts and Faultlines. Disponível em: http://www.globalresearch.ca/the-2008-world-economic-crisis-global-shifts-and-faultlines/12283

Herling, R, W., Weinberger, L., Harris, L. (2000). Investigação de estudo de

caso: Definido
para aplicação em DRH. Paul Universidade do Minnesota

FMI (2010) The Greek programme is broadly on track, but structural reforms are still needed. Disponível no seguinte endereço http://www.imf.org/external/pubs/ft/survey/so/2010/car112310a.htm

Keisidou,E.,Maditinos,D,I.,Sarigiannidis,L.,Thalassinos,E,I.,(2013) "Customer satisfaction loyalty and financial performance", *International Journal of Bank Marketing,* Vol.31,No.4,pp.259-288

Klenke, K (2008) Qualitative research in the study of leadership (Investigação qualitativa no estudo da liderança). Emerald Group Publishing Limited Bingley UK

Klimaka Org (2015) Estatísticas: "Statistical data on suicides in Greece in recent years" Disponível em: http://www.suicide-help.gr/%CF%83%CF%84%CE%B1%CF%84%CE%B9%CF%83%CF%84%CE%B9%CE%BA%CE%AC/

Kondylis, D (2013) "A Grécia não está a conseguir gerir adequadamente os despedimentos no sector público". *Human Resource Management International Digest,* Vol.21, No.7, pp. 34-36

Kostagiolas, P., Margiola, A., Avramidou, A., (2011) "A library management response model against the economic crisis: The case of public libraries in Romania".
Grèce", *Library Review,* Vol.60, No.6, pp.486-500

Koufaris, G. (2010), "The global economic crisis and the stock markets". Revista Hrima, Vol 359. Disponível no seguinte endereço http://www.hrima.gr/article.asp?view=868&ref=867

Krishnaswami, S, R e Sivakumar, N., (2012) "Global financial crisis: Dharmic transgressions and solutions", *International Journal of Social Economics,* Vol.39,No.1/2,pp.39-54

Landler M. (2008), "The U.S. Financial Crisis Is Spreading to Europe", The New York Times Disponível em : http://www.nytimes.com/2008/10/01/business/worldbusiness/01global.html

Manolopoulos, J. (2011), A dívida "odiosa" da Grécia. Anthem press NY USA

Mavri, M (2013) "Classifying Greek Banks Based on Bank Ranking Index

(BRI)", *Benchmarking: An International Journal,* Vol.20, No.5, pp.607-624

New York Times (2013), Greece's aggressive pursuit of tax evaders appears to collect more anger than money. Disponível em: http://www.nytimes.com/2013/10/29/world/europe/greeces-aggressive-pursuit-of-tax-evaders-appears-to-collect-more-anger-than-money.html

OAED (2015) Dados estatísticos disponíveis em: http://www.oaed.gr/index.php?option=com content&view=article&id=173&Itemid=528&lang=en

OCDE (2002), Implementing the Stability and Growth Pact, OECD Publishing

OCDE (2013), Economic Policy Reforms 2013: Going for Growth, Publicações da OCDE

Offredy.M. Vickers.P., (2010) Developing a healthcare research proposal: An interactive student guide. Wiley Blackwell

Papaconstantinou,P., Siriopoulos,C., Tsagkanos,A,G,(2013) " How bureaucracy and corruption affect economic growth and convergence in the European Union : The case of Greece ", *Managerial Finance,* Vol.39,No.9,pp.837-847

Papademos, L. (2009), "Beyond the crisis: economic policy in a new macroeconomic environment". Disponível em: http://www.ecb.europa.eu/press/key/date/2009/html/sp090514.en.htmlReuters (2013), Greece to meet 2013 asset sales target, upbeat on 2014 plan: privatization chief. Disponível em: http://www.reuters.com/article/2013/12/16/us-greece-privatisation-idUSBRE9BF0Y920131216

Rubin.H.J e Rubin.I.S, (2012), Qualitative interviewing: The art of hearing data. Sage Publications Inc.

SETE (2015) Associação das Empresas Turísticas Gregas: "Estatísticas" Disponível em: http://data.worldbank.org/indicator/NY.GDP.MKTP.KD.ZG

Tayie,S (2005) Méthodes de recherche et rédaction de propositions de recherche, CAPSCU Universidade do Cairo

The Economist (2013) Crash course. Disponível em: http://www.economist.com/news/schoolsbrief/21584534-effects-financial-crisis-are-still-being-felt-five-years-article

The Guardian (2011) Global financial crisis: five key milestones 2007-2011. Disponível em http://www.theguardian.com/business/2011/aug/07/global-financial-crisis-key-stages

The Guardian (2014) The future has begun, says lefttist Alexis Tsipras as he scents power in Greece. Disponível em: http://www.theguardian.com/world/2014/dec/29/syriza-leading-polls-future-iniciado-alexis-tsipras-grecia

The Independent (2015) "Crise humanitária" provocada pela austeridade deve ser atenuada, alerta o primeiro-ministro grego Alexis Tsipras à zona euro Disponível em: http://www.independent.co.uk/news/world/europe/humanitarian-crisis-brought-on-by-austerity-must-be-eased-greek-pm-alexis-tsipras-warns-eurozone-10032454.html

The Wall Street Journal (2015), Technical Talks on Greece's Bailout Not Going Well, Officials Say: 'European Commission, ECB and IMF complain of getting very little information'. Disponível em http://www.wsj.com/articles/technical-talks-on-greeces-bailout-not-going-well-officials-say-1426672526

The World Bank Org (2015) Cash surplus/deficit (% of GDP) Disponível em: http://data.worldbank.org/indicator/GC.BAL.CASH.GD.ZS

The World Bank Org (2015) GDP growth (annual %) Disponível em: http://data.worldbank.org/indicator/NY.GDP.MKTP.KD.ZG

Thomson Reuters Datastream (2015) Eurozone Periphery Government Bond Yields: "10 Year Government Bond Yield- Percent" Disponível em: https://agenda.weforum.org/2015/02/15-charts-that-explain-the-greece-crisis/

Trade Economics (2015) Greece Government Debt to GDP Disponível em: http://www.tradingeconomics.com/greece/government-debt-to-gdp

Transparency International (2014) Corruption Perceptions Index 2014 Disponível em: http://www.transparency.org/cpi2014/results

Veremis T. e Koliopoulos G. (2006) Hellas, Contemporary History: "From 1821 to the Present" (Grécia, História Contemporânea: de 1821 até à atualidade) Publicações Kastaniotis

Weeks,J. (2010), Capital Exploitation and Economic Crisis. Routledge USA Nova Iorque

OMS (2015) Dados e estatísticas Disponível em : http://www.euro.who.int/en/health-topics/noncommunicable-diseases/mental-health/data-and-statistics

Yin, R, K., (2002), Case Study Research: Design and Methods, 3.ª ed., p. 1. Newbury Park, Sage

MIX
Papier aus verantwortungsvollen Quellen
Paper from responsible sources
FSC® C105338

Printed by Books on Demand GmbH, Norderstedt / Germany